Bibliografische Information der Deutschen Nationalbibliothek:

Die Deutsche Bibliothek verzeichnet diese Publikation in der Deutschen National-
bibliografie; detaillierte bibliografische Daten sind im Internet über http://dnb.d-
nb.de/ abrufbar.

Impressum:

Copyright © 2009 GRIN Verlag, Open Publishing GmbH
Druck und Bindung: Books on Demand GmbH, Norderstedt Germany
ISBN: 9783668347588

Dieses Buch bei GRIN:

http://www.grin.com/de/e-book/344486/theorien-und-methoden-der-kindheitsfor-
schung

Katharina Schmidt

Theorien und Methoden der Kindheitsforschung

Klausurfragen mit Ausarbeitung

GRIN Verlag

Inhaltsverzeichnis

1.   Wie kann Wissenschaft definiert werden?

-       Wissen

o   taucht unterschiedlich auf (→ Arten von Wissen: Alltagswissen, Wissenschaftliches Wissen, Faktenwissen, Strukturwissen)

o   ist an Benutzergruppen gebunden (unterschiedliche Personen → unterschiedlicher Alltag)

-       <u>nach Meyers Konversationslexikon 1888</u>

o   zunächst das Wissen selbst als Zustand des Wissenden, sodann der Inbegriff dessen, was man weiß

o   im engern und eigentlichen Sinn der vollständige Inbegriff gleichartiger, systematisch, also nach durchgreifenden Hauptgedanken, geordneter Erkenntnisse.

o   Wissenschaft als eine Tätigkeit, die Wissen systematisch erhebt und zu größeren Zusammenhängen ordnet (Theorie und Methode)

-       bestimmte Art von Wissen wird nach Hauptgedanken geordnet z.B. alles zu Begriff Physik

-       Fortschrittsidee: Wissen, was wir erheben in größeren Zusammenhang stellen, in großes System einordnen

-       systematische Vermehrung von Wissen durch Tätigkeit

-       <u>nach Wikipedia</u>

o   Wissenschaft bezeichnet den Bestand des Wissens einer Zeit

o   Wissenschaft bezeichnet den Erwerb neuen Wissens durch Forschung mit wissenschaftlichen Methoden, dessen Dokumentation als Wissenschaftliche Arbeit und die Weitergabe von Wissen als Lehre

-       Historisierung des Wissens (nicht Fortschritt)

o   historischer Zusammenhang, Kontext

o   Wissen wird weitergegeben

-       Wissen als Systematisierung, Vermehrung durch Dokumentation – Weitergeben von Wissen

- Wissenschaft braucht die Kommunikation → bestimmte Bereiche öffentlich zugänglich machen (Firmen veröffentlichen ihr Wissen nicht)
- Wissenschaft → notwendig, dass ich kommuniziere

- <u>nach Buß/ Schöps 1979, S.14</u>
o „Als Wissenschaft bezeichnet man Beobachtungen, Gesetzmäßigkeiten und Begriffe, die sich auf die Natur, auf die Menschen, auf ihre Werke und auf die Gesellschaft, die sie gestalten, beziehen."
o Wissenschaft hat eingegrenzte (umgrenzte) Bereiche

- Wissenschaft:
o Komplexes einfach verstehen
o Zusammenhang verstehen
o nachvollziehbar für andere Wissenschaften machen
o Wissenschaft muss überprüfbar sein
o Falsifizierbarkeit, widerlegen können

- <u>Zusammenfassung:</u>
o Wissenschaft als eine systematische, nachprüfbare Form der Generierung und Ordnung von Wissen (Herstellung Ordnung von Wissen)
o Theorie (Modelle der Welt) und Methode (Art der Wissensgewinnung): Skepsis als Grundannahme –Falsifizierbarkeit (Fälschung)
o Qualität von Forschung: quellen- und methodenkritisch, logisch, sparsam, empirisch überprüfbar, Objektivität (intersubjektiv), Reliabilität (Zuverlässigkeit der Methode), Validität (Gültigkeit)
o kritisch nach Methode schauen
o logische Erklärung, empirisch nachprüfbar?
o skeptisch nachfragen
o mehrere Meinungen einholen

2.   Was ist damit gemeint, wenn man sagt, dass Wissenschaft eine Wertekultur sei?

-       Wissenschaft sind Werte, wie wir mit Wissen umgehen (z.B. richtiges Zitieren)

-       Wissenschaft will die Wahrheit finden → Wahrheit liegt nicht offen (Alltagswissen ist noch lange nicht was es ist – es ist nicht sicher, ob Alltagswissen ausreicht, um die Welt zu beschreiben)

-       Wissenschaft ≠ Alltagswissen

-       in Wissenschaft müssen Annahmen, Begriffe, Theorien, Methoden offen gelegt werden und zur Diskussion gestellt werden

-       Pluralität der Meinungen als Korrektiv

-       Grundannahme: wir wissen nicht, ob unsere Forschung richtig ist oder nicht

-       Wissen veraltet z. B. Ernährungswissenschaften, Pädagogik

-       es gelingt nicht vollständig Wahrheit zu erfassen

-       Wissen gilt nur so lange, bis es widerlegt wird

-       Wissen = relativ

-       Sicherheit erhöhen, von dem was wir wissen → Studien machen (z. B Deutsche lieben Sauerkraut, vielleicht ist es gar nicht so → Studie)

-       Alltagswissen auch manchmal Aberglaube

-       Aberglaube, war Glaube, um Leben zu bewältigen (rationale Methode)

-       deshalb Wissenschaft kommunikativ und öffentlich machen, weil öffentliche Kultur

-       offen legen, Diskussion darüber, mit unterschiedlichen Meinungen

-       <u>Uniausbildung:</u>
-       Wissenschaftliches Denken: Problemorientierung
-       Begriffe definieren: Fachwissenschaftliche Sprache
-       Bibliographieren und Stand der Forschung
-       Quellenkritik: Wert und Herkunft von Informationen (immer nachfragen, kritisch)
-       Logisches Argumentieren: Gliedern und Ordnen

- Zitieren und Belegen
- Ein Thema wissenschaftliche gestalten

- <u>Kriterien an Wissenschaft:</u>
- Dokumentation: Stand der Forschungen, benutzte Quellen, Bezug auf bestehende Theorien
- Skepsis und keine Dogmatik
- Veröffentlichung der Ergebnisse
- Nachvollziehbarkeit der Methode
- Theorie: Logische Entwicklung von Erklärungen
- Bezug auf bestehende Theorien, oder bestehende Theorien kippen
- oft wird falsch zitiert – immer an Original halten!
- nach mehreren Meinungen schauen, nicht nur eine, unterschiedliche Quellen, Perfektion
- nicht auf 1 Quelle verlassen
- Veröffentlichung der Ergebnisse
- Bücher haben längeren Bestand, als Internet, Computer, da verschwindet viel wieder (flüchtiges Medium)
- Nachvollziehen der Methoden
- Ergebnisse logisch zusammenfassen, nachvollziehbar machen

3. Was sind Grundzüge wissenschaftlichen Denkens?
- Wissenschaftliches Denken: Problemorientierung
- Begriffe definieren: Fachwissenschaftliche Sprache
- Bibliographieren und Stand der Forschung
- Quellenkritik: Wert und Herkunft von Informationen
- Logisches argumentieren: Gliedern und ordnen
- Zitieren und Belegen
- Ein Thema wissenschaftlich gestalten

- 1. *Wissenschaft ist auf Erkenntnis ausgerichtet*
o Nicht nur Anhäufung von Fakten, Daten, Informationen etc.

o   Sondern deren:

▪   Verstehen

▪   Erklären der damit verbundenen Vorgänge und Erscheinungen in der Welt

-        *2.   Wissenschaft hat einen Objektbereich den sie untersucht*

o   Z.B. Biologie hat Objektbereich Fauna & Flora

o   Über Objektbereich definieren sich in der Regel wissenschaftliche Disziplinen

o   In diesem Sinne gibt es nicht nur eine Wissenschaft, sondern mehrere

4.   Was sind Gütekritien für Wissenschaft

-        Kriterien für Wissenschaft:

o   Dokumentation (Stand der Forschungen, benutzte Quellen, Bezug auf bestehende Theorien)

o   Skepsis und keine Dogmatik

o   Veröffentlichung der Ergebnisse

o   Nachvollziehbarkeit der Methode

o   Theorie: Logische Entwicklung von Erklärungen

-        *1.   Wissenschaft ist auf Erkenntnis ausgerichtet*

o   Nicht nur Anhäufung von Fakten, Daten, Informationen etc.

o   Sondern deren:

▪   Verstehen

▪   Erklären der damit verbundenen Vorgänge und Erscheinungen in der Welt

-        *2.   Wissenschaft hat einen Objektbereich den sie untersucht*

o   Z.B. Biologie hat Objektbereich Fauna & Flora

o   Über Objektbereich definieren sich in der Regel wissenschaftliche Disziplinen

o   In diesem Sinne gibt es nicht nur eine Wissenschaft, sondern mehrere

- Qualität von Forschung

o Quellen- und Methodenkritisch

o Logisch

o Sparsam

o Empirisch überprüfbar

o Objektivität (intersubjektiv)

o Reliabilität (Zuverlässigkeit der Methode)

o Validität (Gültigkeit)

5. Was sind Theorien?

- Theorien sind Modelle über definierte Bereiche der Welt

- Anforderungen an eine wissenschaftliche Theorie:

o Zirkelfreiheit (z.B. alle Kinder sind klein, warum sind sie klein, weil sie Kinder sind)

o innere Konsistenz (Widerspruchsfreiheit)

o äußere Konsistenz (Widerspruchsfreiheit in Bezug auf andere anerkannte Theorien)

o Erklärungswert (bislang ungeklärte Sachverhalte können durch die Theorie erklärt werden)

o Empirische Überprüfbarkeit

o sparsame Erklärung

o Falsifizierbarkeit (Theorie muss so formuliert werden, dass sie Voraussagen trifft, die prinzipiell durch ein Experiment widerlegt werden könnten. Nicht falsifizierbare, also experimentell nicht widerlegbare Theorien gelten nach diesem Kriterium als unwissenschaftlich)

6. Was sind Methoden, was ist Methodik, was Methodologie

- <u>Methoden:</u>

o sind nachvollziehbare Vorgehensweisen zur Gewinnung von Wissen

o   Allgemein eine geistige Grundlage für planmäßiges, folgerichtiges Verfahren, Vorgehen, Forschen, Handeln

-        <u>Methodik:</u>

o   die Gesamtheit von Methoden; als Teildisziplin einer Fachwissenschaft auch die Lehre von den in dieser Wissenschaft angewandten Methoden

-        <u>Methodologie:</u>

o   ist die Lehre von den Methoden, den wissenschaftlichen Verfahren (Metawissenschaft)

Qualitätskriterien Methode Quantitativ	Qualitätskriterien Methode Qualitativ
o Objektivität (Unabhängig vom Forscher)	o Intersubjektiv (mehrere Forscher kommen zum selben Ergebnis)
o Reliabilität (Zuverlässigkeit: Ergebnisse bei wiederholter Anwendung reproduzierbar)	o Nachvollziehbar: nicht wiederholbar
o Validität (Gültigkeit: eine Methode ist valide, wenn sie das misst, was sie zu messen vorgibt)	o Kommunikative Validierung (Gültigkeit)
	o Transparenz (Belegen, Begründen)
o Standardisierung und Vergleichbarkeit	o Angemessenheit der Methode und ihrer Grenzen

7.   Was sind wichtige Anforderungen an eine wissenschaftliche Theorie?

-        Zirkelfreiheit

o   z.B. alle Kinder sind klein! Warum sind sie klein? Weil sie Kinder sind!

o   das heißt: für den Beweis einer Aussage darf nicht die Aussage selbst vorausgesetzt werden

-        keine tautologischen Aussagen

o   Aussageform, die unabhängig von den Wahrheitswerten ihrer Bestandteile stets wahr ist

-        innere Konsistenz (Widerspruchsfreiheit)

-        äußere Konsistenz (Widerspruchsfreiheit in Bezug auf andere anerkannte Theorien)

-        Erklärungswert - bislang ungeklärte Sachverhalte können durch die Theorie erklärt werden

-        Empirische Überprüfbarkeit
-        sparsame Erklärung

-        Falsifizierbarkeit
o   Eine Theorie muss so formuliert werden, dass sie Voraussagen trifft, die prinzipiell durch ein Experiment widerlegt werden könnten.
o   Nicht falsifizierbare, also experimentell nicht widerlegbare Theorien gelten nach diesem Kriterium als unwissenschaftlich (Nachweis der Ungültigkeit einer Theorie)

8. Was sind Qualitätskriterien für eine gute Methode

Qualitätskriterien Methode Quantitativ	Qualitätskriterien Methode Qualitativ
→ Analytisch-experimentelle Wissenschaften, → Naturwissenschaften	→ Historisch-hermeneutische Wissenschaften → Verstehen von sozialer Wirklichkeit → Typisierungen und Fallanalysen
o Objektivität (Unabhängig vom Forscher) o Reliabilität (Zuverlässigkeit: Ergebnisse bei wiederholter Anwendung reproduzierbar) o Validität (Gültigkeit: eine Methode ist valide, wenn sie das misst, was sie zu messen vorgibt) o Standardisierung und Vergleichbarkeit	o Intersubjektiv (mehrere Forscher kommen zum selben Ergebnis) o Nachvollziehbar: nicht wiederholbar o Kommunikative Validierung (Gültigkeit) o Transparenz (Belegen, Begründen) o Angemessenheit der Methode und ihrer Grenzen

9. Was ist mit „Erklären gemeint", was mit „Verstehen"?

- Erklären:

o Phänomene durch ein Modell vorhersagbar machen

o mathematisches Modell Randbedingungen (wissenschaftliche Theorie meint Ausschnitt, also nie alle Randbedingungen vollständig – nie vollständige Erklärung der Welt)

o das wird passieren –Vorhersage treffen

- Verstehen:

o den immanenten Sinn erschließen

o   Warum ist das wichtig? Sinn der Sache.   z.B. Was ist gesunde Ernährung?

10. Wie unterscheiden sich qualitative und quantitative Wissenschaftszugänge?

<u>Qualitativer Wissenschaftszugang:</u>

-    Historisch-hermeneutische Wissenschaften: Verstehen von sozialer Wirklichkeit, Typisierungen und Fallanalysen

-    Dichte Beschreibung von Lebenswelt und deren Bedeutungen

-    Lebenswelten und die subjektiven Erfahrungen ihre Bewohner werden in typischer Weise dargestellt

-    Theorie in Beschreibung einweben

-    Soziale Logik der Lebenswelt verstehen – Verständnis der Lebenswelt

-    Verstehen des Sinnes von Lebenswelt (Alltag)

-    Erforschung der Bedeutung von Lebenswelt (Erleben, Erfahrungen, subjektiver Sinn)

-    Rekonstruktion von Einzelfällen

-    Konstruktion von Typen

-    Nachdenken über ein Phänomen und dessen Bedingungen und Ausmaße

-    Hypothesen generierend

-    Gesetze gelten nicht überall

→ keine Gesetzmäßigkeiten, die immer und überall gelten

→ Kultur in Zeit verändert sich

→ neuer Geltungsbereich der Aussagen

-    <u>Vorgehen:</u>

o   Ein Feld definieren (Biografie, Lebenswelt)

o   Daten über dieses Feld erheben

o   Den „sozialen Sinn" verstehen

o   Die Logik des Feldes rekonstruieren

o   keine Gesetze, sondern sozialen Sinn innerhalb einer Lebenswelt verstehen

o   Bedeutung der Lebenswelt

o   Daten erheben, keine äußeren Gesetze

o z.B. Auto untersuchen → soziale Bedeutung für Männer & Frauen (nicht Aufbau Auto…)

o ungenaue Messungen

o Fragestellungen begründen

o transparent machen, nachvollziehen

o Verallgemeinerung und Geltungsbereich begründen

- Qualitätskriterien

o Intersubjektiv (mehrere Forscher kommen zum selben Ergebnis)

o Nachvollziehbar: Nicht wiederholbar

o Kommunikative Validierung (Gültigkeit)

o Transparenz: Belegen, Begründen

o Angemessenheit der Methode und ihrer Grenzen

Quantitativer Wissenschaftszugang:

- Analytisch-experimentelle Wissenschaften (Naturwissenschaften): Gesetze und Ursache-Wirkung-Zusammenhänge

- Mathematische Modelle von gemessenen „Fakten" – Prüfung von Hypothesen durch_systematische Beobachtung

- Statistik: Gemessene Merkmale werden in ihrer Verteilung untersucht: reduzierte Daten werden in repräsentativer Weise erhoben

- Erklären

- Reduktion der Daten zu definierten Merkmalen

- Hypothesen prüfen

- Statistisch signifikanten Unterschiede

- Statistisch signifikanten Zusammenhänge (z. B. Faktoren)

- Repräsentativität

- nachdenken über Phänomene

- Gesetze gelten überall

- Qualitätskriterien

o Objektivität (Unabhängig vom Forscher)

o Reliabilität (Zuverlässigkeit): Ergebnisse bei wiederholter Anwendung reproduzierbar.

o   Validität (Gültigkeit): Eine Methode ist valide, wenn sie das misst, was sie zu messen vorgibt.

o   Standardisierung und Vergleichbarkeit

o   Ausschnitt der Welt erklären

o   Methode so wählen, dass sie Gegenstand erklären kann (z.B. Säuglinge interviewen geht nicht)

o   Methode angemessen auf Fragestellung bezogen

o   Beobachtung, Gesetzmäßigkeit

o   Modell aufstellen

o   mit Methode Gegenstand messen können

o   Interviewer nicht unabhängig vom Forscher

o   Wiederholung Interview nicht immer möglich, aber transparent, plausibel, nachvollziehbar

<u>Vergleich</u>

-      Beide Verfahren liegen auf einem Kontinuum

-      Beide Zugänge ergänzen sich und werden heute oft kombiniert

11.   Was ist mit „sozialer Sinn" gemeint?

-      Die Welt hat immer schon Bedeutung für die Handelnden (Werte, Normen, Regeln)

-      Lebenswelt ist die soziale Konstruktion von Bedeutung

-      Kultur ist ein Netz von Bedeutungen

-      Bedeutungen werden historisch tradiert und sind sozial differenziert

-      Der Einzelne kennt nur Ausschnitt der gesellschaftlichen Bedeutung (subjektiver Sinn)

-      Ergänzung:

o   Sozial = gesellschaftlich, die menschliche Gesellschaft und ihr (geregeltes) Zusammenleben betreffend

o   „Sozialer Sinn" = gesellschaftliche Bedeutung (in Form von Werten, Normen, Regeln, Kultur)

12. Was sind typische Fragen der quantitativen Forschung, was der qualitativen Forschung (an einem Beispiel: etwa Scheidung)

- Quantitativ:

o = Mathematische Modelle von gemessenen „Fakten"

o Prüfung von Hypothesen durch systematische Beobachtung

o Z.B. mithilfe der deskriptiven Statistik

o Fragen:

▪ Entwicklung der Scheidungsrate (in Prozent der Ehen, West- und Ostdeutschland 1970 bis 2003)

▪ Pluralisierung der Lebensformen (in Prozent der Bevölkerung über 18 Jahren, Deutschland 1994 und 2003)

▪ Alleinerziehende ohne Lebenspartner (in Prozent und absoluten Zahlen nach Geschlecht und Lebensform, Deutschland 2002

- Qualitativ:

o Dichte Beschreibung: Lebenswelt und die subjektiven Erfahrungen ihrer Bewohner werden in typischer Weise dargestellt

o Fragen:

▪ Beschreibung des Scheidungsprozesses in seinen typischen Anläufen

▪ Erlebnis der Scheidung durch die Beteiligten

▪ Erfahrungen mit Scheidung

▪ Rechtliche Dimension der Scheidung

▪ Handlungsmöglichkeiten bei Scheidung

13. Was ist mit Entwicklung, was ist mit Sozialisation gemeint?

- die <u>Entwicklung</u> des Menschen:

o wird anhand der chronologischen Veränderungen beschrieben

o Dabei werden das Erleben, das Erkennen und das Verhalten zugrunde gelegt.

- <u>Sozialisation:</u>   - Prozess der Vergesellschaftung von Menschen

- Übernahme von Werten, Normen und Handlungsmustern

- Habitus: strukturierte, strukturierende Struktur

- Milieu, Lebensstil: Freiheit und Determination des Handelns

14. Was ist die Ökologische Sozialisationstheorie (Bronfenbrenner)?

- Der Mensch lebt in einem Ökosystem, das biologische Aspekte, Kultur, soziale Normen und gesellschaftliche Institutionen umfasst.

- Bedeutung des menschlichen Ökosystems für die Entwicklung:

o 1. Das Ökosystem gewährleistet die Voraussetzungen, die für die Entwicklung eines Kindes notwendig sind.

o 2. Das Ökosystem des Menschen wandelt sich im Laufe der Zeit beträchtlich (Familie → Schule → Beruf etc.)

- Entwicklung beschreibt nach Bronfenbrenner ein sich veränderndes Individuum in einer sich verändernden Umwelt.

- Ökologischer Ansatz als Systemtheoretisch

o Mikrosystem (direkte Lebenswelt des Kindes)

o Messosystem (fremde Bereiche, die dem Kind sozial erschlossen werden z.B. Kaufhaus, Ferienort)

o Exosystem (Bereiche, die indirekt auf die Entwicklung wirken z.B. Arbeitsplatz der Eltern)

o Makrosystem (Gesell. Strukturen und Prozesse z.B. soziale Unterschiede, historische Situationen)

15.   Was sind mögliche Kritikpunkt an der Sozialisationstheorie?

-    Trotz Betonung des Subjektes werden Kinder nicht als gleichwertige Mitglieder der Gesellschaft gesehen (z.B. „vollwertige Mitglieder der Gesellschaft", „erfolglose Sozialisation")

-    Besteht Gefahr der Wertungen

16.   Was sind Themenbereich der Sozialisationsforschung?

-    Prozesse der Entwicklung in definierten gesellschaftlichen Feldern: Familie, Schule, Jungen, Mädchen

-    Interaktion Individuum - Umwelt

-    Makro- und Mikroperspektive

-    Seit den 60er Jahren für die Erziehungswissenschaft zentral

-    *wie sich der in Gesellschaft lebende Mensch unter dem Einfluß seiner materiellen und sozio-kulturellen Umwelt biographisch zu einem handlungsfähigen Individuum entwickelt.*

17.   Was ist mit dem Kind als „Akteur" gemeint?

-    Kind als Forschungsgegenstand entdeckt (in letzen 30 Jahren)   → Blick auf Kindheit hat sich verändert

-    Kinder sind:

o   Keine kleinen Erwachsenen, sondern:

o   Personen mit eigenen Rechten, Interessen, Ansichten

o   eigenständige Akteure ihrer eigenen Lebenswelt

o   Experten ihrer eigenen Lebenswelt

-    Kindersicht unterschiedet sich von Erwachsenensicht

-    Wandel & Neue Sichtweise:

o   damals waren Pädagogen Experten über Kindheit

o   Kinder als aktive Handelnde, (Mit-) Gestaltende betrachten

o   nicht nur über Kinder forschen,

o   Forschung zu Kindheit = Forschung mit Kindern als Akteure

o   Kinder an Forschung beteiligen

o   Einbeziehung Kinder als Experten und Informanten für Kindheit o   die Meinungen und Wünsche der Kinder müssen gehört und berücksichtigt werden

-   Forderung:

o   Pädagogen sollen die Sicht der Kinder einnehmen, mehr beobachten, befragen, Perspektive der Kinder einnehmen, die Welt mit den Augen der Kinder wahrnehmen

o   alleinige Befragung der Eltern & Erzieher reicht nicht aus, unzureichend

o   nicht Forschung über Kinder, sondern aus der Perspektive der Kinder

o   Kindgerechte Forschung

-   Denn wir wissen mehr über Kinder, aber nicht über einzelne Kind

18. Was mit „Sicht" auf das Kind als „fremdes Kind" gemeint?

-   Entdeckung der Kinder als „Akteure" (Kind handelt, Mitgestalt von Kindheit)

-   Welt der Kinder ist nicht die Welt der Erwachsenen

-   Erwachsene können Kinderwelt nicht aus dem Gedächtnis rekonstruieren

→ versuchen Kindheit zu verstehen, nutzen eigene Erinnerungen an ihre Kindheit

→ aber Kinder verändern sich

→ Generationsbruch, Wandel ist geschehen

→ fremde Kinder

-   Bild der Eltern über Kinder falsch

o   schätzen Kinder 2 Jahre jünger ein im Hinblick auf das, was es kann

o   beurteilen Kind im Hinblick auf Erwachsenenwelt,

-   Grenzen zwischen 2 Bedeutungswelten (unterschiedliche Werte, Regeln)

-   fremde Lebenswelten (sozialer Wandel: Kinderwelt ←→Erwachsenenwelt)

-   Forderung Scholz (1994): Die soziale Konstruktion von Kindheit muss durch die Forschung sichtbar gemacht werden

- Forschung muss einen Zugang zur unbekannten Lebenswelt der Kinder erschließen, Einstellung zum Kind soll offen sein, nicht vergleichen mit eigenen Kindheit

19. Was meint Kultur für Kinder, was Kultur von Kindern?

- *Kultur für Kinder* = Kultur die von Erwachsenen für Kinder geschaffen wurde
- *Kultur von Kindern* = Kultur, die sich Kinder selbst erschaffen haben

20. Wie wird der Wandel von Kindheit diskutiert?

- Wandel ist „normal"
- Verunsicherung von Erziehern (Eltern und Lehrer/innen)
- „Modernisierungsschub"

→ „Modernisierungsgewinner" und „Modernisierungsverlierer"

- Aspekte veränderter Kindheit
Kindheitsforschung als Forschung *über* Kinder (Sozialisationsforschung)
- Erziehungswerte und Erziehungsstile
- Geburtenrate – Rolle des Kindes in der Familie
- Bildungsanspruch – Freizeit- und Fördermaßnahmen
- Moderne Medien – Entgrenzung von Kindheit, Jugend und Erwachsensein

- „Kinder als Akteure"
Kindheitsforschung *mit* Kindern
- Kinder sind nicht nur „Opfer" von Sozialisationsbedingungen.
- Kinder konstruieren ihre Umwelt (auch) selbst.
- Kindheitspessimismus vs. Kindheitsoptimismus (die generationale Perspektive)

21. **In welchen Bereichen hat sich Kindheit verändert? (Beispiele)**

- Kindheit im Wandel:

o Verschiebung der Machtbalancen

o Veränderung der materiellen Welt

o Veränderung von Schule, Freizeit und Familie

o Neue Bedeutung von Medien für die Welterfahrung von Kindern

22. **Welche Probleme hat die Erforschung der Perspektive von Kindern?**

- Kindersicht unterscheidet sich von der Erwachsenensicht

- Da die Sicht der Kinder den Erwachsenen vertraut und gleichermaßen fremd ist, können Erwachsenen leicht ihre eigenen Vorstellungen über das Kind für die Sicht des Kindes halten

- Der Dialog mit Kindern wird durch ein Generationenverhältnis erschwert, das von ungleicher Macht und Kompetenz gekennzeichnet ist.

o Erwachsenen fällt es schwer, die Sichten und Erfahrungen von Kindern ernst zu nehmen und einen hierarchiefreien auf gleicher Ebene stattfindenden Kommunikationsstil zu finden.

o Kinder sind oftmals nicht gewohnt, mit Erwachsenen über ihre Sichtweisen zu sprechen,

o Erwachsenen sind nicht gewohnt ,Kindern zu zuhören.

o Rollendefinitionen wie Schüler und Lehrer erschweren die Kommunikation.

o Für Erwachsene ist die Glaubwürdigkeit von Kindern eine offene Frage,

o Für Kinder ist der Wunsch, es „richtig zu machen" und von den Erwachsenen Anerkennung zu bekommen, ein Grundproblem.

23.   Warum haben Interviews mit Kindern an Bedeutung gewonnen?

- Befragung der Eltern/Erzieher wurde zunehmend als unzureichend angesehen
- Kinder als Experten ihrer eigenen Lebenswelt
- Grundannahme: Kindersicht unterscheidet sich von der Erwachsenensicht
- Erwachsene können Kinderwelt nicht aus dem Gedächtnis rekonstruieren

- erweiterte Autonomie der Jüngeren im Alltag und auf der politisch-gesellschaftlichen Ebene → ebenso in der Forschungspraxis und -ethik
- Kinder werden für kompetent genug gehalten → ihre Perspektive zählt tendenziell mehr als die der älteren Personen in ihrem Umkreis

- Früher: Kinder – inkompetent und verspielt
- Heute: Kinder = Experten, Eltern wissen nicht, was ihre Kinder erleben (Zinnecker, Silbereisen)

- Interesse an Einbeziehung der Kinder als Informanten und Experten für Kindheit stehen im engen Verhältnis zum Wandel des Bildes vom Kind
- Nicht mehr die Erwachsenen wissen von vornherein, was für Kinder richtig ist
- Kinder als Personen mit eigenen Rechten, Interessen und Ansichten angesehen, die als Akteure ihr Leben mitgestalten und deren Meinungen und Wünschen gehört und berücksichtigt werden müssen (Filler)

24.   Wo werden Interviews mit Kindern eingesetzt?

- sind zur wichtigsten Methode in der Kindheitsforschung geworden.

- gibt zahlreiche Projekte zu einer Vielzahl von Lebensbereichen von Kindern (Schule, Familie, Freizeit).

- können schon im Kindergarten eingesetzt werden, wenn die Interviewform dem Alter der Kinder angepasst ist.

-       können Gruppeninterviews, Leitfrageninterviews und Narrative Interviews mit unterschiedlichen Fragestellungen eingesetzt werden, → um die subjektive Sichtweise von Kindern, ihre Meinungen, Erfahrungen, Einstellungen und Argumentationen zu erfassen.

-       Interviews als Königsweg der Kindheitsforschung

-       Kinderleben wurde soziologisch, psychologisch, pädagogisch, historisch und kulturwissenschaftlich erforscht

-       Vielfach Methoden der Jugend- und Erwachsenenforschung übernommen

-       Die ethnographische Kindheitsforschung der letzten Jahren, versucht durch kulturanalytische Beschreibungen „von innen heraus" an der lebensweltlichen Bedeutung der Kinder selbst anzuknüpfen (Kelle, Breidenstein 1996, S. 50).

-       Ziel: Erfassung der alltagskulturellen Praktiken der Kinder, Entschlüsselung der subjektiven Bedeutungen der Kinderwelten für Erwachsene

25. Wie sollte das Interview mit Kindern aussehen? Was ist zu beachten?

-       kindgerecht Interviewform

-       Sicht der Kinder einnehmen, mehr beobachten, befragen

-       Kinder unter 3 Jahren, und 3-6 nicht so gut befragbar, weil sie sich noch nicht so gut ausdrücken können (Sprachprobleme)

-       Kinder nicht aus ihrem natürlichen Umfeld herausnehmen, in der natürlichen Lebensumwelt befragen

-       in der Sprache der Kinder (z.B.: nicht fragen, was machst du so im Alltag, sondern: was hast du denn gestern gemacht)

-       freies Gespräch durchbricht Barriere zwischen Erwachsenen und Kind

-       Methodische Konsequenzen (Petermann, Windmann 1993):

-       sorgfältig planen

-       Entwicklungsstand des Kindes berücksichtigen

-       Vorerfahrungen, Erwartungen, Motivation des Kindes erheben

-       Situation muss positiv sein

-	Räumlichkeiten, Ablauf, Beziehungen wichtig (Umfeld des Kindes mit positiver Stimmung, kein fremder Raum)
-	ausführliche Befragung des sozialen Umfeldes: Elter, Geschwister, Lehrer

26.	Welche Probleme haben Interviews mit Kindern?
-	Erwachsene sehen Kinderäußerung mit großer Skepsis
-	sprachlicher Austausch bei Interview vorausgesetzt: aber Sprache der Kinder entwickelt sich erst
-	Sprachproblem: von Sprachkompetenz der Kinder abhängig
-	Interview als Form der Alltagskommunikation mit Kindern fraglich: weil Kinder nicht gewöhnt, mit Erwachsenen zu erzählen: aber Kinder lernen Interviewform in den Medien zunehmend kennen
-	nicht alles ist sagbar: das Wesentliche ist vielleicht nicht sprachlich zu kommuniziere: aber auch nonverbal möglich (zeigen, Bild malen)
-	Zweifel an Kinderäußerungen (Sebald 1995):
-	Kinder seien manipulierbar, leicht zu verunsichern,
-	unscharfe Grenzen zwischen Wirklichkeit, Phantasie
-	Kinder neigen zu Übertreibungen, passen sich dem Wunsch der Erwachsenen an

27.	In welchem Zusammenhang stehen verbale und nonverbale Kommunikation in Interviews?
-	Interview bedeutet, dass sprachlicher Austausch vorausgesetzt wird: aber die Sprache der Kinder entwickelt sich erst
-	Außerdem sind Sprachkompetenzen von Erwachsenen und Kindern sehr kulturspezifisch ausgeprägt
-	Nicht alles ist „sagbar": Das Wesentliche ist vielleicht nicht sprachlich zu kommunizieren
-	Daraus ergeben sich Schwierigkeiten:
o	Kinder bringen individuelle sehr unterschiedliche sprachliche Kompetenzen in Interviewsituation mit ein
o	Mädchen könnten Interviewsituation besser bewältigen als Jungen

o   Kinder aus Familien mit hohem sozialen Status könnten sich in Interviews sprachlich besser äußern als Kinder aus Familien mit niedrigem sozialem Status

-     bei Interviews mit Kindern muss deshalb auch „nonverbale" Kommunikation beachtet werden

-     Somit „Doppelungen der Kommunikation":

o   Sagbares und Unsagbares

o   Verbales und Nonverbales

-     es werden Sprachäußerungen und andere Ausdrucksformen kombiniert

-     Zum Beispiel:

o   Zeichnen

o   Spielen

o   Zeigen von Objekten, Orten, Handlungen

o   Traumreisen

o   Interviewvermittler (z.B. Puppe)

o   Teilnehmende Beobachtung

o   Visuelle Methoden (Foto, Film)

-     Fazit: Für Interviews von Kindern durch Erwachsene gilt: Mit zunehmenden Alter der Kinder wird nonverbale Kommunikation zunehmend durch sprachliche Kommunikation ersetzt

28. Sind Kinder zuverlässige Interviewpartner? Wann nicht und warum?

-     Nein, denn:

o   Kinder sind manipulierbar und leicht zu verunsichern

o   Unscharfe Grenzen zwischen Phantasie und Wirklichkeit: Suggestion als Grundproblem → Suggestive Beeinflussung der Kinder durch den befragenden Erwachsenen

o   Kinder neigen zu Übertreibungen und passten sich den Wünschen der Erwachsenen an

o   Neigen dazu mit Lügen zu experimentieren

o	Erinnerungsvermögen kann durch Vorurteile und Nöte verringert sein

o	Jüngere Kinder sind stärker auf Gedächtnishilfen angewiesen (Anhaltspunkte)

o	Erst ältere Kinder (ca. ab 7 Jahren) erinnern auch zuverlässig Details

-	Glaubwürdigkeit von Kindern hängt von vielen Faktoren ab:

o	Frageformen

o	Starke Emotionen (z.B. Angst)

o	Suggestivfragen

o	Erwünschtheit

Welche Bedeutung hat das Generationenverhältnis für Interviews mit Kindern?

-	Interview stets eine Kommunikation zwischen Erwachsenen und Kind

-	Erhebungssituation ist von einer generationalen Ordnung gerahmt

-	Sorge- und Herrschaftsverhältnis ist oft dominant

-	Erwachsener als klüger, stärker und kompetenter

-	Erwachsene bestimmen was richtig und falsch ist

-	Situation oft vordefiniert: Lehrer, Eltern etc.

-	Erwachsene nehmen somit Einfluss auf die Interviewsituation und dessen Ergebnis

## 29.	Was meint der Begriff Medienkindheit?

-	Medienkindheit als Erwachsenenkonstrukt

-	Alle Kindheit im modernen Sinne ist Medienkindheit:

o	Trennung der Erwachsenenwelt von Kinderwelt

o	Vermittlung der Erwachsenenwelt durch Medien (Schule, Buch, Film, etc.)

-   Kindheit als Kritik an der Gesellschaft und als Form der Verbesserung in der Zukunft (Sucht, Gewalt)

-   Kritik an Medienkindheit:

o   Kinder können nicht zwischen den Realitäten unterscheiden

o   Medien schädigen die Kinder

o   Medien machen gewalttätig und nervös

o   Medien machen süchtig

o   Kontrolle der Medien nötig: Jugendschutz

o   Ambivalenz: Erwachsene und Kinder

-   Mediatisierung der Kindheit

o   Alle Sozialisationsprozesse haben direkt oder indirekt mit Medien zu tun: Unsere Welterfahrung ist stets auch einer Erfahrung mit den „Bilder" von der Welt – Pictualisierung der Kommunikation

o   Kindheit war stets Medienkindheit: kindgerechte Vermittlung der Welt

o   Heute Kommerzialisierung der Medienkindheit

30. Wie wird die Mediennutzung von Kindern erforscht?

-   Wissenschaft begleitet durch Studien die Veralltäglichung der Mediennutzung

o   fragt nach der Verbreitung einzelner Medien (etwa durch Untersuchung der Häufigkeit der Nutzung des Internets)

o   untersucht unterschiedliche Nutzungsformen (z.B. Chat, e-mail, Fernsehen)

o   fragt nach Medienformaten (etwa Zeichentrick, Infotainment)

o   fragt nach dem Zusammenhang zwischen den einzelnen Medien und der Kombination der Medien in der Nutzung (Medienkonvergenz)

- Unterschiedliche Nutzertypen werden ebenso in den Blick genommen wie unterschiedliche soziale Nutzergruppen (Familienherkunft, Geschlecht).

- Vereinzelt wird die Bedeutung von Medien für die Kinder untersucht

- Im Mittelpunkt stehen die Gefahren, die Erwachsene in den Medien sehen. Beispiel ist die Frage der Gewaltwirkung von Medien und das Suchtpotenzial von Online-Spielen.

31.　Welche Kritik gibt es an der Medienkultur von und für Kinder?
- Kinder können nicht zwischen den Realitäten unterscheiden
- Medien schädigen die Kinder
- Medien machen gewalttätig und nervös
- Medien machen süchtig
- Kontrolle der Medien nötig: Jugendschutz
- Ambivalenz: Erwachsene und Kinder
- Weiteres: Sprachverlust, Phantasielosigkeit, Probleme mit zwischenmenschlicher Kommunikation, weniger Bewegung, Spontanität, Konzentration, Selbstbewusstsein
- Beispiel für das Medium Internet:
o es fehlen gute Angebote für Kinder
o stattdessen Gefahren des Internets: Pornografie, Gewalt, Pädophilie, Unlautere Werbung, Illegaler Verkauf

32.　Was suchen Kinder in den Medien?
- Helden und Vorbilder: Sportler, Fernseh-Idole, Filmhelden, Buch- und Comic-Helden, Musik-Stars
- Spaß und Spannung: Spiele, Musik, Humor, Erzählungen (Film, Text)
- Unterhaltsame Bildung: Infotainment, Wissens-, und Quiz-Angebote
- Kommunikation: Chat, Freunde, Selbstdarstellung, e-mail, Handy
→ Möglichkeiten ihre Welt zu erweitern

33. Welche Bedeutung hat die Phantasie für die Kinderkultur?

34. Welche Bedeutung hat das Internet für Kinder?

- Internet: alltägliches Medium auch für Kinder (Veralltäglichung)
- Kinder nutzen es zu unterschiedlichen Zwecken (Erwachsene wissen nur wenig darüber, was Kinder im Internet machen)
- Studie:
  o suchen Infos für Schule, andere Infos, Onlinespiele, Kinder-Seiten, Emails, Erwachsenen-Seiten, Chatten, Musik hören, laden, Newsgroups nutzen, Spiele laden, Filme anschauen, Handy Töne, Logos laden, Radio hören, Homepage basteln, TV schauen
- Kinder suchen:
  o Helden und Vorbilder
  o Spaß und Spannung
  o Unterhaltsame Bildung
  o Kommunikation
- → Möglichkeiten ihre Welt zu erweitern

35. Was sind Gefährdungen im Netz für Kinder?

- Kritik an Medienkindheit:
  o Kinder können nicht zwischen den Realitäten unterscheiden
  o Medien schädigen die Kinder
  o Medien machen gewalttätig und nervös
  o Medien machen süchtig
  o Kontrolle der Medien nötig: Jugendschutz
  o Ambivalenz: Erwachsene und Kinder
  o Gefährdung: Pornografie, Gewalt, Pädophilie, persönliche Daten, unlautere Werbung, illegaler Verkauf
- Bedürfnisse der Kinder decken, gute Angebote sind wichtig, aber Kindertauglich machen!!!
- Problem für Internetnutzung von Kindern:
  o 1. geraten unabsichtlich auf problematische Inhalte für Erwachsene
  o 2. Anbieter werben mit problematischen Seiten für Kinder
  o 3. Kinder wollen Grenzen erweitern

o	4. Kinder und Jugendliche suchen bewusst problematische Inhalte auf (Neugier)

36.	Welche Bedeutung hat der Jugendschutz für die Kindermedien
-	Kindermedien sind in derselben Form wie Erwachsenenmedien zu finden (Film&Fernsehn, Zeitschriften, Internet, etc.)
-	Kinder nutzen Medien immer stärker
-	Müssen geschützt werden
-	Z.B. wenn Anbieter gezielt mit problematischen Seiten im Internet Kinder anwerben
-	Der Jugendschutz sieht Werbung als Gefahr:
o	Werbung darf Kindern und Jugendlichen weder körperlichen noch seelischen Schaden zufügen
o	Darüber hinaus darf sie nicht direkte Kaufappelle enthalten
o	Werbung, deren Inhalt geeignet ist, die Entwicklung von Kindern oder Jugendlichen zu einer eigenverantwortlichen und gemeinschaftsfähigen Persönlichkeit zu beeinträchtigen, muss getrennt von Angeboten erfolgen, die sich an Kinder oder Jugendliche richten
o	Werbung für alkoholische Getränke darf sich weder an Kinder oder Jugendliche richten
o	→ aus „Jugendmedienschutz-Staatsvertrag – JMSt §6)

-	Jugendschutz als Werbeschutz greift zu kurz.
-	Es ist eine zweite Säule der Werbekompetenz nötig: Media-Empowerment durch Werbeformen, die den Kindern helfen, selbständig und kindgerecht mit Werbung und der Konsumwelt umzugehen

-	Kinder müssen erst lernen
o	Werbung zu erkennen
o	Mit der Warenwelt umzugehen
o	Mit dem Konsum umzugehen
o	Mit Geld umzugehen

o   Mit ihren Wünschen umzugehen

o   Mit der Ungleichheit von Arm und Reich umzugehen

-      → Medien müssen dies berücksichtigen

-      → Jugendschutz muss dementsprechende Maßnahmen ergreifen (Erfurter Netcode etc.)

37. Warum sind gute Angebote für Kinder wichtig?

- Gute Angebote sind wichtig, da Kinder gefährdet sind auf schlechte Angebote (z.B. „Kinderfeindliche Internetseiten", Konsumzentrierte Werbung etc.) herein zu fallen

- „kindliche Naivität" wird deshalb von den Medien schamlos ausgenutzt (versteckte Weiterleitung auf Internetseiten, versteckte Verkaufsseiten im Internet, etc.)

- Begriffstrennung nach Interesse:

o   Kindorientierte Angebote: Angebote, die die Entwicklung der Kinder gemäß ihrer „Enzwicklungsaufgaben" im Kontext von Schule und Familie fördern (Common-sense-Problem)

o   Kinddesignte Angebote: Produkte, die auf die Zielgruppe Kind bezogen sind, auch wenn die vermittelten Werte in der Gesellschaft (und bei Eltern strittig) sein können (aber nicht müssen)

38. Wie sind Internetangebote für kleine Kinder zu sehen? Pro – kontra

- Medien bergen Risiken und Chancen

- Medien gehören zum Alltag von Kindern von klein an

- Es entsteht eine neue Medienkultur für kleine Kinder (z.B. im Fernsehen und im Internet)

- Der Jugendschutz ist für kleine Kinder von besonderer Bedeutung (Problem: Werbung, Datenschutz, Kaufaufforderungen, Schutz vor Erwachsenen, Schutz der eigenen Privatsphäre)

- Kinder brauchen eigene gute Angebote, da sie eigene Formen der Nutzung und eigene Interessen haben

- Sie müssen in ihrer Mediennutzung pädagogisch begleitet werden. Es gibt unterschiedliche Risikoszenarien und Risikogruppen unter den Kindern.

- Entwicklung von Angebotskriterien

- Qualitätsstufen:

- *Premium-Angebote für Kinder*: Werbefreie (oder deutlich inhaltsorientiert), inhaltlich und ästhetische Seiten, die Unterhaltung und Bildung verbinden und von den Kindern angenommen werden: Öffentliche Institutionen, engagierte Privatleute und Wirtschaftsunternehmen

- *Niedrig-Angebote:* Werbeinteresse und Verkaufsinteresse stehen im Vordergrund. Seiten sind inhaltlich dürftig. Spiele sind Aufgüsse alter Klassiker im Werbeformat

- *Trash-Angebote:* reine Verkaufs- und Imageseiten ohne Gewinn für die Kinder. Datenmüll, der beim „Googlen" erscheint und das Finden von interessanten Seiten erschwert

- Gute Angebote als Aufgabe:

o die altersgerecht sind

o den Interessen der Kinde entsprechen

o den Kindern bekannt sind, sind der beste Schutz im Netz.

- Kinder brauchen vielfältige Angebote auch außerhalb der Mediennutzung

39. Was kann unter Internet verstanden werden?

- = engl.: interconnected Networks: „untereinander verbundene Netzwerke"

- = weltweites Netzwerk, bestehend aus vielen Rechnernetzwerken, durch das weltweit Daten ausgetauscht werden

-       ermöglicht die Nutzung der Internetdienste wie E-Mail, Telnet, Dateiübertragung, WWW und in letzter Zeit zunehmend auch Telefonie, Radio und Fernsehen

-       Im Prinzip kann dabei jeder Rechner weltweit mit jedem anderen Rechner verbunden werden

-       Datenaustausch zwischen den einzelnen Internet-Rechnern erfolgt über die technisch normierten Internetprotokolle.

40.   Welche Bedeutung hat die Erinnerungen an Kindheit?
-       Leben hat in der Erinnerung eine ungewisse Zukunft und einen Anfang der im Dunkeln liegt
-       Erste Erinnerungen sind soziale Erinnerungen
-       Erinnerungen sind nicht rationale Abbildungen von Wirklichkeit, sondern verarbeitete Erfahrungen

41.   Was ist Biografie?
-       Subjektive Konstruktion des eigenen Lebens: in Vergangenheit und Zukunft
-       Entsteht in der Erinnerung durch „Erzählen"
-       Gibt dem Leben einen Verlauf und einen Sinn: Verknüpft Ereignisse mit Erfahrungen und Gefühlen
-       Biographie wird immer von einem Jetzt-Zeitpunkt entworfen: Bilanz bestimmt den Ton (Ende gut alles gut)

42.   Was   sind   Generationsbeziehungen,   was Generationsverhältnisse?
-       Generationsbeziehungen = Beziehungen zwischen Alt und Jung

-       Generationsverhältnisse:

o   Historische gemeinsame Erfahrungen einer Gruppe von Gleichaltrigen

o   Z.B. wir Kriegskinder, wir Kinder aus der DDR

43.   Wie kann Qualitatives Material „interpretiert" werden?

-    Analyse qualitativen Materials:

o   der „Text" ist Ausgangspunkt (weiteres Textverständnis: Sinnvolles Gefüge von Informationen: Schrift, Film, Bild etc.)

o   systematische Verbindung eines Textes mit „Theorie"

o   Verdichtung und Reduktion von Texten zu überschaubaren Sinneinheiten

o   es existieren eine Vielzahl von Verfahren zur Textanalyse in unterschiedlichen Wissenschaften

-    Grundvoraussetzung: Fremdheit

o   ein Text ist unverständlich (fremde Kultur)

o   ein Text hat einen anderen Sinn als dem oberflächlichen Anschein nach (Latenter Sinn)

o   ein Text gehört zu einem Kontext, der nicht bekannt ist

o   ein Text ist symbolisch verschlüsselt

o   der Sinn eines Textes ist den Kommunizierenden nicht bekannt

o   der Sinn eines Textes ist tabu

44.   Was ist mit dem „Hermeneutischen Zirkel" gemeint?
-    Hermeneutik: Klassisches Interpretationsverfahren von Texten (Aus der Theologie, der Juristik und der Pädagogik)
-    Textimmanente Interpretation
-    Hermeneutischer Zirkel:
o   Stufenweise Annäherung an den Sinn eines Textes
o   dazu wird Vorverständnis und anschließend Textverständnis ständig geändert
o   Ziel: das Verstehen eines fremden Textes durch einen Leser

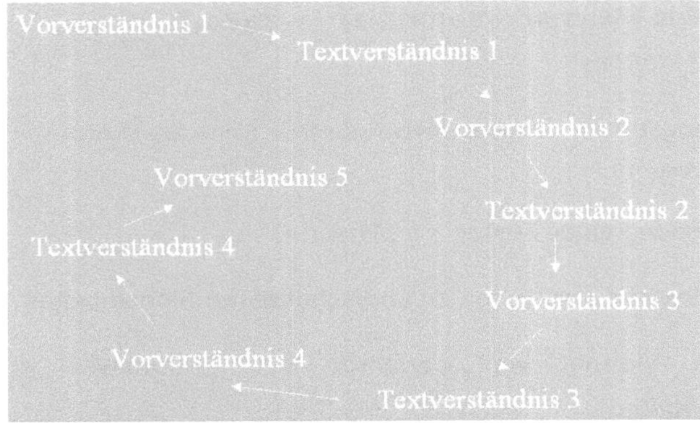

45. Was versteht man unter Codieren?

<u>Offenes Codieren</u>

- Ein Code ist ein Stichwort, eine Art Überschrift zu einem Sinnabschnitt
- Sinnabschnitten in einem Text werden „natürliche" Codes zugeordnet
- Die Codes werden in der Regel eng am Material entwickelt (deshalb kaum Abstraktion) und in der Sprache des Interviewten gebildet oder paraphrasiert
- Viele Aspekte des Materials gekennzeichnet und benannt

Bsp.: Und bei mir zuhause war eigentlich immer auch sehr viel los, die Eltern waren beide berufstätig und es waren irgendwie immer viele Gäste da und die Eltern waren zum Teil auch relativ viel weg; nicht auf langen Reisen, aber abends auf irgendwelchen Sitzungen und Versammlungen.

→ Eltern viel weg (natürlicher Code: Sinnabschnitt)

<u>Axiales Codieren:</u>

- Offene Codes werden geordnet und zu Gruppen zusammengefasst
- Es werden Schlüsselcodes gesucht
- Es werden Kategorien gebildet
- Dialog zwischen Material und Code

- Bsp.:

→ Schlüsselcode: Eltern

<u>Selektives Codieren:</u>

- Codierung nach Schlüsselcodes
- Maximaler und Minimaler Kontrast
- Vielfältige Kategorien werden auf die Kategorien reduziert, die minimal nötig sind, um den Forschungsgegenstand ausreichend zu erklären

→ siehe Hermeneutischer Zirkel